À Valérie, savoureuse boudeuse
Titus

Pour Karelle et Mathilde
Stéphane

Titus . Girel

Moi, je boude

Gautier Languereau
3-6 ans

Tu ★ me ★ lis ★ une ★ histoire ?

Quand maman ne veut pas m'emmener à la piscine,
quand papa ne veut pas que je regarde la télévision,
quand mémé ne veut pas m'acheter un jouet,
quand ma sœur ne veut pas me prêter ses rollers,
quand papa et maman m'obligent à aller me coucher

... moi,
je boude.

Je boude pour...

montrer que je suis

très fâché,

et aussi très malheureux,

embêter

ceux qui m'ont contrarié

et essayer d'obtenir ce que je veux.

Quand on est le chef,
on décide de tout
et on n'a pas besoin
de bouder !

Bouder,

c'est pas difficile,
il suffit de…

placer la bouche
en canard,
gonfler un peu les joues,
regarder par en-dessous,

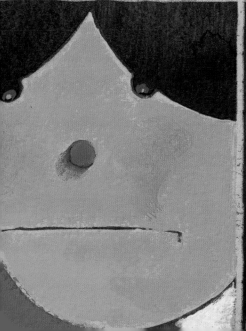

se taire ou parler entre les dents,

ne pas rire,

reste sans bouger dans son coin.

S'il n'y a pas de coin, on peut **bouder**

quand même, mais ce n'est pas facile !

Je peux **bouder** n'importe où…
dans la maison,
dans le jardin,
dans un musée,
dans un magasin,
à l'école,
à table,
devant la télé.

Si on est en colère contre soi-même,

on peut même
bouder
devant un miroir.

Je ne suis pas le seul à bouder dans la famille…

Ma grande sœur aussi boude quand papa
et maman refusent de la laisser sortir le soir.

Maman boude parfois quand papa regarde
un match de football à la télévision.

Papa **boude** quand nous allons manger
chez tatie Huguette.

Je crois bien que mon poisson rouge **boude**
quand l'eau du bocal est trouble.
Ce n'est pas toujours facile de savoir
quand les animaux **boudent** !

Souvent, je **boude** tout seul.

Mais j'aime bien **bouder** à deux, ou en groupe.
Il suffit d'être fâché en même temps.

Bouder en groupe, c'est rigolo,
mais il ne faut pas le montrer.

Dix minutes.

Une heure.

Un après-midi.

Une journée...

j'essaie de bouder le plus longtemps possible...

mais comme je ne fais rien,

le temps passe très lentement,

et je m'ennuie.

C'est un peu comme si j'étais puni.

Quand on est puni, on va au coin aussi.

Quand je **boude**, je ne sais jamais comment m'arrêter.
Pourtant, parfois, j'en ai drôlement marre.
J'ai envie de parler et de rire.
Je préférerais aller jouer avec les copains.

Mais je continue à **bouder** pour ne pas montrer
que je ne **boude** plus.

La bouderie,
on sait comment
ça commence,
mais
on ne sait pas
quand ça
s'arrête !

Parfois, je ne me souviens plus
pourquoi je boude.

Mais je continue à bouder
quand même

parce que les autres,
ils se souviennent peut-être.

Évidemment, si personne ne se **souvient,** ça ne sert à rien de **bouder!**

Parfois, j'en ai tellement marre de **bouder** que je regrette d'avoir commencé.

Et je me dis

que c'est la dernière fois

que je boude.

C'est souvent qu'on se dit que

c'est la dernière fois qu'on boude.

Il arrive toujours un moment
où je ne pense plus à bouder.

Alors je reprends
la vie d'avant
la bouderie.
Je m'amuse,
je rigole.
Et c'est
drôlement
agréable.

En fait, c'est quand ça sort de la tête
qu'on ne fait plus la tête.

Mais, si pour me contrarier, papa me dit :
« Alors, on ne boude plus ? »

Ça m'agace et je recommence
à **bouder.**

c'est **reparti** pour un tour !

Gautier·Languereau
s'engage pour l'environnement
en réduisant l'empreinte carbone
de ses livres.
Celle de cet exemplaire est de
200 g éq. CO₂
Rendez-vous sur
www.gautier-languereau-durable.fr

PAPIER À BASE DE
FIBRES CERTIFIÉES

Tu ★ me ★ lis ★

La petite collection de

1. *Je t'aimerai toujours quoi qu'il arrive*

2. *Il y a une maison dans ma maman*

3. *La véritable histoire de la Petite Souris*

4. *La véritable histoire du Marchand de Sable*

5. *Grodoudou & Moi*

6. *L'heure du bisou*

une ★ histoire ?

poche des 3-6 ans

7. *Nous t'aimerons toujours, Petit-Ours !*

8. *Au dodo, mon Roudoudou*

9. *D'abord, il arrive d'où ce bébé ?*

10. *Encore un petit câlin ?*

11. *Le Bonheur, c'est un peu de miel*

12. *Moi, je boude*